글 샬럿 길랭
100권이 넘는 어린이 책을 집필한 영국의 인기 작가입니다.
대표작으로는 로알드 달 퍼니상을 비롯한 9개 상 후보에 오른 『스파게티를 좋아하는 예티』가 있습니다.
작품으로는 남편 애덤 길랭과 함께 쓴 『아빠 학교』와 『조지의 놀라운 모험』 시리즈 등이 있습니다.

그림 헬렌 슈스미스
대학에서 그래픽 아트를 공부하고, 대학원에서 어린이 책 일러스트레이션을 공부했습니다.
예술과 책을 좋아하고, 아이디어가 떠오르면 스케치북에 적습니다.
그린 책으로는 『어느 작은 새 한 마리가』『발레 극장으로의 초대』『고양이의 크리스마스 캐럴』 등이 있습니다.

옮김 한성희
텍사스 A&M 대학교 석사 과정에서 저널리즘을 전공했고, 현재 엔터스코리아에서 전문 번역가로 활동 중입니다.
옮긴 책으로 『최악의 위기에서 살아남는 방법』『날아라, 메리! 열기구 타고 하늘 높이』
『나도 고양이 말 할 수 있어』『안녕? 빗방울아』 등이 있습니다.

감수 최이진
서울식물원 식물연구과에서 식물 연구를 총괄하고 있습니다.
서울식물원은 식물원과 공원을 결합한 도심 속 녹색 명소로 마곡에 위치해 있습니다.
멸종 위기 야생 식물 서식지 확대, 번식이 어려운 종의 증식 연구 등 식물 연구 보전 기관의 역할은 물론
세계 12개 도시 식물이 전시되어 각 기후대의 특색 있는 식물을 볼 수 있습니다.

특별한 식물원 탐험에 여러분을 초대합니다!

여러분은 VIP 입장권을 가지고 정원과 온실뿐 아니라
일반인에게 공개되지 않는 식물원 곳곳을 탐험할 거예요.
또한 정원사, 정원 디자이너, 과학자, 실습생, 학생, 자원봉사자 등
식물원에서 일하는 여러 사람들도 만나 볼 거고요.
식물원 사람들은 지구와 인간에게 도움이 되도록
식물을 연구하고, 정원을 관리하며 아름답게 가꾸는 일을 해요.
자, 어서 와 우리 함께 떠나요.
꽃과 나무, 곤충이 기다리고 있어요!

식물원 매표소 앞에 입장권을 사려는 사람들이 줄 서 있어요.
입장할 때 식물원 여행의 필수품 지도도 잊지 말고 꼭 챙기세요!
궁금한 게 있으면 자원봉사자에게 언제든 물어보세요.
자, 식물원 탐험을 시작해 볼까요?

스낵바

화장실

식물원 관람 순서

정원과 산책로 • 4

온대 식물 온실 • 7

열대 식물 온실 • 12

수련 온실 • 14

식충 식물관 • 16

열대 식물 양묘장 • 18

퇴비 센터 • 20

식물 표본실 • 23

균류 표본실 • 28

과학 실험실 • 30

씨앗 은행 • 32

텃밭 • 34

보호 풀밭 • 36

수목원 • 39

어린이 정원 • 44

카페 • 46

식물 가게 • 48

튤립

입구 ←

라벤더

정원과 산책로

알록달록 예쁜 꽃과 향긋한 꽃향기가 눈과 코를 즐겁게 해요.
분주히 꽃 사이를 오가는 나비와 꿀벌이 보이나요?
싱그럽게 지저귀는 새소리도 들리나요?

정원 일을 돕는 자원봉사자들은 잡초를 뽑느라 바빠요.
잡초는 금방 퍼져 꽃밭을 망칠 수 있으니 매일 뽑아야 해요.

작약

정원 디자이너가 새 꽃밭을 만들려고 해요.
꽃밭의 구조를 생각하며 다양한 높이와 모양으로 자랄
식물을 보기 좋게 배치해요.

수분이 뭐예요?

수분은 식물이 번식하는 방법이에요.
꽃의 수술에 있는 꽃가루가 암술머리로 옮겨지는 걸 수분이라고 해요.
꽃가루받이라고도 해요.
수분을 하면 꽃은 열매나 씨앗을 만들어요.
곤충, 동물, 새, 사람, 그리고 바람도 꽃가루가 이동하도록 도움을 줘요.

식물의 이름표에는 학명이 함께 쓰여 있어요. 학명은 라틴어를 써요.
모든 사람이 알아보도록 정확하게 표시하려고 전 세계에서 학명을 써요.

꽃무
Cheiranthus
× cheiri L.

얼레지

꽃무

정원사가 꽃밭에 퇴비를 덮고 있어요.
퇴비는 짚단, 낙엽, 나무 부스러기 같은 걸로 만들어요.
잡초가 자라지 못하게 막아 주고,
흙이 너무 마르거나 물에 잠기는 걸 방지해 줘요.
겨울에는 식물을 추위로부터 보호하는 역할도 한답니다.
나중에 가 볼 퇴비 센터에서 만들어요!

난초과는 국화과, 콩과 다음으로 큰 과예요.
'과'는 생물을 분류하는 단계 중 하나예요.
난초는 보통 야생에서 씨앗을 수집하여
식물원에서 키워요.

양동이 난초라 불리는 '코리안테스마크란타'는 콜롬비아에서 왔어요.
높은 나뭇가지에서 자라며 커다란 꽃을 피워요. 양동이 난초는 꽃향기로
벌을 끌어들여 물이 가득한 양동이 모양의 꽃에 빠뜨려요.
꽃에 빠진 벌이 기어 나오면서 꽃가루를 옮기지요.

자카란다

화사한 꽃이 아름다운 '자카란다'는 아르헨티나와 볼리비아에서 자라요.
벌과 벌새는 보라색 꽃에서 나는 꿀을 먹고, 지역 주민들은 전염병 치료 약을 만드는 데 사용해요.

온대 식물 온실

온대 식물 온실에는 전 세계에서 온 섭씨 10~26도에서 자라는 수천 가지 식물이 있어요. 이곳에 있는 많은 식물은 멸종 위기에 처했거나 이미 야생에서 멸종된 식물이에요.

아메리카

원예학과 학생들은 식물에 물도 주고, 먼지와 해충을 없애려고 나뭇잎에 물을 뿌리느라 바빠요. 또, 학생들은 새로운 식물을 수집하고, 씨앗을 모아요. 그리고 큰 식물을 받치는 지지대를 만들고, 너무 많이 자란 가지를 자르기도 하지요.

열대 식물 온실에 있는 식물은 물이 많이 필요해요.
그래서 긴 호스로 물을 주는 데 시간이 많이 들어요.
또 열대 우림의 습한 환경을 되살리기 위해 천장에 분무기를
설치해 물을 안개처럼 흩뿌려요.

전 세계 과학자들은 식물을 키워서 약을 만드는 방법을 함께 연구해요.
식물원은 질병 치료에 도움이 되는 멸종 위기의 식물을 보호하여
널리 퍼뜨리는 중요한 일을 해요.

리비스토나 스페시오사

일일초

수련 온실

수련 온실은 덥고 습도가 높아요.
지난해에 거둔 씨앗에서 매년 새로운 수련이 식물원에서 자라요.
수련은 열대 식물 양묘장에서 겨울을 나고 수련 온실로 옮겨져요.

아마존 열대 우림에서 가져온 씨앗에서 자란 '아마존빅토리아수련'이에요.
아마존빅토리아수련 잎은 지름이 3미터까지 커질 수 있어요.
잎이 작은 공기주머니로 가득해서 연못 위에 뜨지요.

원예사가 밤에 핀 향기롭고 커다란 수련꽃을
왜 48시간 동안만 볼 수 있는지 설명하고 있어요.

원예사들은 일주일에 한 번씩
연못에서 시든 잎과 이끼를 치워요.

천장에 매달린 길쭉한 열매는 '박'이에요.
박은 아프리카 열대 지역에서 자라요.
아프리카 사람들은 박을 요리해서 먹어요.

야생에서는 수련꽃의 수분을 딱정벌레가 도와주지만
식물원에서는 원예사가 이른 아침에 붓을 들고 그 일을 하지요.

물방울이 연잎에 떨어지면 잎에는 물이 전혀 스며들지 않고
곧바로 또르르 굴러서 먼지를 없애요. 연잎이 이산화 탄소를 흡수하고
산소를 내보내려면 잎 윗부분이 깨끗하고 말라 있어야 해요.
그래야 광합성을 하고 자랄 수 있거든요.

식충 식물관

식충 식물관에 온 것을 환영해요! 식충 식물은 돌이 많거나 습지 같은 영양분이 거의 없는 곳에서 자라요. 살기 힘든 환경에서 스스로 영양분을 얻기 위해 식충 식물은 먹잇감을 끌어들여 잡는 기관을 갖고 있어요. 그곳에 먹잇감을 가둔 후 소화시켜 영양분을 얻지요.

이 주머니 모양의 식충 식물은 '네펜테스'예요. 벌레잡이통풀이라고도 불러요. 네펜테스는 화려한 색과 강한 냄새로 곤충을 유인하여 통에 빠뜨려요. 통 안에는 액체가 있어 빠지면 기어 나올 수 없어요. 액체에는 곤충을 소화하도록 돕는 화학 물질이 들어 있어요.

네펜테스

끈끈이주걱

헬리엄포라

대부분의 식충 식물도 수분하려면 곤충이 필요해요. 그래서 꽃은 곤충을 잡는 기관에서 좀 떨어져서 자라요.

파리지옥

사라세니아푸푸레아

'파리지옥'은 잎 안쪽에 예민한 털이 세 개 있어요. 곤충이 파리지옥에 내려앉아 이 털을 두 번 건드리면 조개 같은 잎이 재빠르게 닫혀요.

사라세니아

똥을 영양분으로 삼는 '로리듈라덴타타'

남아프리카의 식충 식물인 '로리듈라덴타타'는 잎이 온통 끈적끈적한 털로 덮여 있어요. 그런데 곤충이 잎에 붙어도 잡아먹지 않아요. 소화액이 나오지 않거든요. 그래서 이 식물과 공생하는 노린재목의 곤충 '파메리데아'가 잎에 붙은 곤충을 잡아먹고 소화시키며 눈 똥을 영양분으로 삼지요.

잎에서 끈끈한 액체가 나와요.

곤충이 잡혀도 소화액이 나오지 않아 잡아먹지 않아요.

로리듈라덴타타와 공생하는 파메리데아는 잎이 몸에 붙지 않아요.

열대 식물 양묘장

열대 식물 양묘장에 들어왔더니 덥고 습해요.
양묘장은 식물의 씨앗이나 모종, 묘목을 심어서 기르는 곳이에요.
1만 종에 달하는 다양한 식물이 양묘장에 전시될 뿐 아니라 중요한 연구 재료로 쓰여요.
또한 야생에서 보기 힘들거나 멸종된 곳에 다시 심을 목적으로도 키워요.

열대 식물 양묘장은 온도, 빛, 습도를 잘 맞춰야 해요.
햇빛이 너무 많거나 적으면, 또는 너무 습하거나 건조하면
컴퓨터가 알아차리고 식물이 잘 자랄 수 있는 환경으로
자동으로 바꿔 줘요.
그리고 문제가 생기면 경보가 울려 관리하는 사람이 와서
식물을 돌봐 줘요.

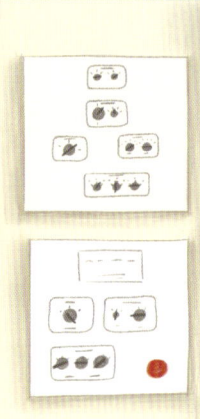

번식이 뭐예요?

원예사는 씨앗을 심거나 식물의 잎, 줄기 또는 뿌리를 잘라서
식물을 번식시켜요. 고취법(높이 떼기)과 같은 방법을 쓰기도 하지요.
고취법은 가지가 붙어 있는 상태에서 인공적으로 새롭게 뿌리를
내리게 한 다음, 가지를 잘라 땅에 묻어 번식시키는 방법이에요.

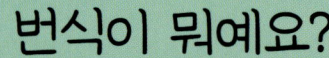

1. 가지에 칼집을 내요.

2. 뿌리가 잘 나게 하는 약품이 있다면 칼집을 낸 부분에 발라 줘요. 이 단계는 생략 가능해요.

3. 이끼를 물에 적신 후 상처 낸 가지 주위를 감싸요.

4. 비닐로 묶어 잘 고정시켜요.

양묘장에서는 벌레가 어린 식물을 아프게 하지 않도록 조심해서 식물을 돌봐요.
해충을 없애는 약 대신에 무당벌레나 말벌, 진드기 같은 곤충들을 이용해서 벌레를 쫓아내요.
자연의 힘으로 식물을 보호하는 방법이에요!

남아메리카에서 온 이 식물은 '브로멜리아드'예요.
흙에 뿌리를 내리지 않고 다른 나무에 붙어 자라는 식물이에요.
브로멜리아드는 땅에서 물을 얻지 못하는 대신 깔때기 모양의 잎으로 살아가는 데 필요한 물을 모아요.

마다가스카르에서 온 '운카리나'는 딱정벌레를 끌어들이는 주머니에 꽃가루가 들어 있어요. 딱정벌레가 꽃 위를 걸으면 주머니가 펑 터져서 딱정벌레 머리 위로 꽃가루가 뿌려져요. 딱정벌레가 다른 꽃으로 옮겨 가면 꽃가루가 퍼져서 수정되지요.

작은 돌처럼 보이지만 사실은 남아프리카에서 온 '리돕스'라는 식물이에요. 잎은 대부분 땅속에 있고, 돌처럼 보여서 동물의 먹이가 되지 않아요.

퇴비 센터

냄새만 맡아도 어디인지 알겠지요? 네, 퇴비 센터예요. 여기서 퇴비를 만들어요. 영양분 가득한 퇴비는 정원 식물이 잘 자라도록 도와줘요.

동물의 배설물로 만든 거름을 퇴비 센터로 가져와요. 퇴비를 만들려고 근처 축산 농가에서 가져온 거예요.

쓰러진 나무와 나뭇가지도 퇴비 센터로 가져와 잘게 잘라 목재 칩으로 만들어요. 목재 칩은 정원에서 깎은 풀을 비롯해 죽은 식물, 동물의 배설물과 함께 섞여요.

균류

균학자는 곰팡이와 버섯 같은 균류를 연구하는 사람이에요.
균학자가 균류를 발견하면 먼저 사진을 찍고, 그 위치를 기록해요.
그다음 균류를 채취한 뒤, 하룻밤 동안 말려요.
또한 아주 작은 샘플을 가져가서 과학자들이
실험실에서 더 자세히 조사할 수 있도록 해요.

전문가가 안전하다고 말하지 않는 한, **절대로 버섯을 먹지 마세요.**

좀비 곰팡이

이 표본은 곤충에게 침투하는 '좀비 곰팡이'를 보여 줘요.
작은 곰팡이 포자가 공기 중에 떠다니다가 개미 몸속에 들어가 개미를
감염시켜요. 그 후 곰팡이는 개미 몸속에서 자라면서 개미를 조종해요.
좀비 곰팡이에 감염된 개미는 나무 위로 높이 올라가 죽게 되고,
개미 몸에서 자란 곰팡이는 바람을 타고 포자를 멀리 퍼뜨려
더 많은 곤충을 통해 번식해요.

과학 실험실

과학자들은 미래에 어떤 식물이 질병과 기후 변화를 이겨 낼지 연구와 실험을 통해 알아내요.

이 과학자는 한 회사가 새로운 샴푸에 쓰고자 하는 식물 추출액을 검사하고 있어요.
샴푸에 들어갈 식물 성분과 식물원이 보유한 식물 정보가 맞는지 확인하는 일을 해요.

DNA가 뭐예요?

DNA는 살아 있는 모든 생명체에 있는 화학 물질이에요.
DNA에는 생명체마다 자라고 번식하는 데 필요한 정보가 들어 있어요.
또한 다른 종과 구별해 주는 정보도 있지요.
DNA를 살펴보면 아주 작은 조각만으로도
식물과 균류를 구별할 수 있어요.
DNA는 생명체의 설계도 같은 거예요!

실험실에서는 꿀벌을 비롯하여 수분에 도움을 주는 곤충을 보호하는 방법도 연구해요.
어떤 식물에는 꿀벌이 병에 걸리지 않도록 지켜 주는 꿀과 꽃가루가 있어요.
실험실의 과학자들은 그 식물이 무엇인지, 찾아서 어디에 심어야 좋을지 연구해요.

씨앗 은행

식물원에는 씨앗을 보관하는 씨앗 저장고가 있는데, 이곳 저장고는 좀 특별해요.
저장고에 들어가려면 지하로 내려가서 은행 금고처럼 생긴 커다란 문을 지나가야 해요.
씨앗 은행의 저장고는 불이 나고, 물이 넘치고, 폭탄이 터지더라도 끄떡없어서 씨앗을 확실히 보호해요.
씨앗을 보호하는 건 지구를 위해 정말 중요하거든요.

전 세계 과학자들은 씨앗 은행에 보관할 유용하고, 희귀하며, 멸종 위기에 처한 식물의 씨앗을 수집해요. 씨앗은 말려서 깨끗이 한 다음, 엑스선 검사를 하여 씨앗 속에 있을지도 모를 벌레를 찾고 씨앗의 품질을 확인해요. 이런 과정을 거친 씨앗은 병에 담아 영하 20도의 낮은 온도에서 보관해요.

씨앗 은행에는 전 세계에서 수집한 20억 개가 넘는 씨앗이 저장되어 있고,
새로운 씨앗이 계속 추가되고 있어요.
씨앗 은행에 보관된 씨앗 덕분에 사람들은 멸종된 식물을 다시 심어서 퍼뜨릴 수 있어요.
여기에 저장된 씨앗은 미래에 새로운 식량이나 약이 될 수도 있어요.

발아가 뭐예요?

발아는 씨앗이 자라면서 뿌리는 흙 속으로, 새싹은 위로 자라는 거예요.
흙, 물, 햇빛이 딱 맞는 조건일 때 씨앗이 깨어나 새싹이 쑥 올라와요.
새 생명의 시작이에요!

과학자들은 씨앗을 연구하고, 양묘장에서 씨앗을 심고 식물을 돌봐요.
새로운 방법으로 식물을 키우는 실험도 하고, 온실에 옮겨서 어디서 가장 잘 자라는지 알아봐요.
필요하면 전 세계 야생 서식지에 씨앗을 심기도 해요.

텃밭

담장에 있는 아치 모양 통로를 지나가면 텃밭이 나와요. 텃밭에는 과일과 채소처럼 먹을 수 있는 식물이 자라요. 텃밭에서 난 식물은 사람들에게 팔거나, 식물원 안에 있는 카페에서 음식 재료로 사용하고, 과학 연구에 쓰이기도 하지요.

텃밭 주변은 담장으로 둘러싸여 주변 동물이 텃밭 식물을 먹지 못하게 하고 있어요. 또한 담장은 바람과 서리로부터 텃밭을 보호하여 여린 농작물을 지켜 주기도 하지요.

전 세계 기후가 변하면서 많은 농작물이 질병과 고온으로 어려움을 겪고 있어요.
텃밭을 가꾸는 원예사들은 다양한 종류의 과일과 채소를 실험해서
어떤 품종이 힘든 환경에서도 잘 자라는지 알아내려 노력해요.

여기 식물들은 '덩이줄기'예요. 줄기에 영양분이 있어 덩이 모양을 이루지요.
'감자'도 덩이줄기 식물인데 곰팡이로 생기는 질병인 마름병으로 피해를 봐요.
남아메리카에서 온 '오카'와 '마슈아'는 마름병에 강한 덩이줄기 식물이에요.
뿌리와 잎도 먹을 수 있고, 맛도 좋지요. 앞으로 우리가 흔히 먹는 식량이 될 수 있어요.

마슈아

오카

감자

보호 풀밭

이 드넓은 들판은 보호 풀밭이에요. 가지각색의 야생 꽃이 달콤한 향기를 뿜내며 꿀벌과 나비 등 많은 곤충을 불러들여요.

야생 풀밭이 점점 줄어 많은 야생 식물이 멸종 위기에 처하거나 사라졌어요. 원예사들은 멸종 위기에 처한 씨앗을 수집해서 보호 풀밭에 심어 번식시켜요. 그런 다음 그 씨앗을 거둬 야생 풀밭에 다시 심어 멸종 위기를 막지요.

원예사가 보호 풀밭에서 씨앗을 모으느라 바빠요. 양묘장에서 씨앗을 발아시키려면 사포나 날카로운 칼로 씨앗 껍질을 벗겨요. 그래야 씨앗 안으로 물이 흡수되어 발아가 잘 돼요.

보호 풀밭에 온 것을 환영합니다!

- 살갈퀴
- 전추라
- 황새냉이
- 노란구륜앵초

어린이 정원

이제 어린이 정원을 둘러볼까요?
이곳은 어린이들이 놀면서 식물에 대해 배우는 곳이에요.

선생님이 아이들에게 수분과 곤충, 특히 꿀벌의 중요성에 관해 이야기하고 있어요.

여기 선생님은 정원의 다양한 식물을 어떻게 분류하는지 아이들에게 보여 주고 있어요. 아이들은 비슷한 점과 다른 점을 찾으려고 주의 깊게 식물을 관찰하네요.

수목 관리사가 나무가 썩거나 병에 걸렸는지 알아보려고 조사하고 있어요. 특수 망치로 나무를 톡톡 두드리고 미세 드릴을 써서 나무줄기 안의 조직이 괜찮은지 살펴봐요.

참나무

새로운 나무를 키우려고 다 자란 나무에서 가지를 잘라 내기도 해요.
푸릇푸릇하게 새로 난 나뭇가지를 찾아서 싹둑 자르죠.
자른 나뭇가지를 양묘장으로 가져가서 심으면 어린나무로 자라나요.

새로 온 수습생이 고목 주위의 땅속에 공기를 넣는 법을 배우고 있어요.
오래된 나무는 뿌리 주변 흙이 너무 단단하고 빽빽해서,
뿌리가 나무에 필요한 공기와 물과 영양분을 얻지 못할 수도 있거든요.
그래서 뿌리 주변에 공기를 넣어 흙을 부드럽게 만들어야 해요.

식물원 곳곳을 돌아보고 오니 행복하고 더욱 건강해진 기분이에요.
어린이 정원에는 탐험하며 놀 데가 많아서 아이들이 특히 신나 해요!

어린이 정원에는 과일과 채소도 자라요.
아이들은 식물이 어떻게 자라는지 배우고,
농작물을 직접 따는 체험도 해요.
그러면서 몇 개 먹기도 해요!

아이들이 돋보기를 들고 작은 벌레를 찾고 있어요.
아이들은 곤충이 식물에서 어떻게 먹이를 얻으며,
식물이 번식하는 데 어떤 도움을 주는지 배워요.

카페

식물원을 탐험하고 나니 배가 고파요!
모두 맛있어 보여 무엇을 먹을지 고민돼요.

카페에서는 텃밭에서 키운 과일과 채소로 만든 계절 음식을 맛볼 수 있어요.
모두 싱싱하고 일 년 중 가장 좋은 시기에 자랐지요.
그래서 더욱 맛있고 환경에도 좋아요.

카페의 어떤 식물은 보거나 먹어 본 적이 없는 낯선 것일 수도
있어요. 몇몇 과일과 채소는 예전에는 많이 키웠지만
오늘날에는 잘 보지 못하는 식물이지요.

카페 메뉴에는 야생에서 얻은 재료로 만든 음식도 있어요.
원예사가 야생에서 자란 허브와 식물을 따 오거든요.
원예사는 야생 식물이 언제 가장 맛있는지 알아요.

식물원에서는 우리가 먹은 카페 음식을 보며
어떤 음식을 미래에 더 많이 먹을지에 관해 연구하기도 해요.

47

식물 가게

이제 식물원 탐험을 마쳤어요. 나가는 길에 식물 가게에 들러 집에 가져갈 식물을 골라 봐요.

집에서 식물을 둘 곳을 생각해 봐요. 정원이 없다면, 베란다에 식물을 키울 장소가 있나요?
예쁜 꽃을 키우고 싶나요? 아니면 과일이나 채소 혹은 허브를 키우고 싶나요?
햇빛이 잘 들고 물 주기 쉬운 장소를 고르면 식물이 건강하게 자랄 거예요.
자연을 집으로 가져가는 재미를 느껴 보세요!

이제 식물원을 떠날 시간이에요.
오늘 발견한 식물의 놀라운 점을 친구들과 나누면 더 오래 기억에 남을 거예요.
식물원에서 또 만나요!

AN INVITATION TO THE BOTANIC GARDENS
Text copyright © Charlotte Guillain, 2024
Illustrations copyright © Helen Shoesmith, 2024
First published in Great Britain in 2024 by Welbeck Editions, an imprint of Hachette Children's Group
Korean edition copyright © Mindbridge Publisher, 2025
All rights reserved.
This Korean edition is published by arrangement with Carlton Books Limited
through Shinwon Agency Co., Seoul.

식물원에서 온 초대장

초판 2쇄 발행 2025년 5월 30일

글 샬럿 길랭　**그림** 헬렌 슈스미스
옮김 한성희　**감수** 최이진
펴낸이 정혜숙　**펴낸곳** 마음이음

책임편집 이금정　**디자인** 김세라
등록 2016년 4월 5일(제2016-000005호)
주소 03925 서울시 마포구 월드컵북로 402, 9층 917A호(상암동 KGIT센터)
전화 070-7570-8869　**전자우편** ieum2016@hanmail.net
블로그 https://blog.naver.com/ieum2018　**인스타그램** @mindbridge_publisher
ISBN 979-11-94494-06-5　77480

이 책의 내용은 저작권법의 보호를 받는 저작물이므로 무단전재와 복제를 금합니다.
책값은 뒤표지에 있습니다.

어린이제품안전특별법에 의한 제품표시
제조자명 마음이음　**제조국명** 대한민국　**사용연령** 9세 이상 어린이 제품
KC마크는 이 제품이 공통안전기준에 적합하였음을 의미합니다.